Safari Animals™
Animales de safari™

ZEBRAS
CEBRAS

Amelie von Zumbusch

Traducción al español: Ma. Pilar Sanz

PowerKiDS press™ **& Editorial Buenas Letras™**

New York

Published in 2007 by The Rosen Publishing Group, Inc.
29 East 21st Street, New York, NY 10010

First Edition

Book Design: Erica Clendening
Layout Design: Julio Gil and Lissette González

Photo Credits: Cover, pp. 1, 5, 13, 15, 17, 21, 24 (top right, bottom left) © Artville; pp. 7, 9 © Digital Vision; pp. 11, 19, 23, 24 (top left, bottom right) © Digital Stock.

Cataloging Data

Zumbusch, Amelie von.
  Zebras-Cebras / by Amelie von Zumbusch: traducción al español Ma. Pilar Sanz — 1st ed.
      p. cm. — (Safari animals-Animales de safari)
  Includes bibliographical references and index.
  ISBN-13: 978-1-4042-7609-3 (library binding)
  ISBN-10: 1-4042-7609-2 (library binding)
  1. Zebras—Juvenile literature. 2. Spanish language materials I. Title.

Manufactured in the United States of America

CONTENTS

CONTENIDO

Zebras are members of the horse family.

Las cebras pertenecen a la famila de los caballos.

Zebras have black and white stripes.

Las cebras tienen rayas blancas y negras.

The stripes on every zebra are different. Zebras know each other by their stripes.

Todas las cebras tienen rayas diferentes. Las cebras se conocen unas a otras por sus rayas.

Every zebra has a mane and a tail. A zebra's mane and tail also have stripes.

Las cebras tienen cola y crin. Las colas y las crines de las cebras también tienen rayas.

Zebras can hear very well.
They can also see well.

Las cebras oyen muy bien.
Además, las cebras tienen
muy buena vista.

Zebras live on the grasslands of Africa.

Las cebras viven en las praderas de África.

Zebras eat mostly grass. They also need to drink a lot of water.

Las cebras comen hierba. Además, las cebras necesitan beber mucha agua.

Zebras move across the grasslands looking for food and water.

Las cebras trotan por la pradera en busca de agua y comida.

Zebras live in family groups. These groups sometimes come together to form a large group called a herd.

Las cebras viven en familias. A veces, estas familias se juntan en un grupo más grande llamado manada.

A baby zebra is called a foal. Zebra foals can walk about one hour after they are born.

A las cebras bebé se les llama potros. Los potros de cebra pueden empezar a caminar una hora después de nacer.

Words to Know / Palabras que debes saber

foal / (el/la) potro, potra

grasslands / (las) praderas

herd / (la) manada

mane / (la) crin